AF330886

NOTICE NÉCROLOGIQUE

SUR

M. AUGUSTIN-IGNACE-GABRIEL

COMTE POTIER DE POMMEROY

ANCIEN DÉPUTÉ

MEMBRE DU CONSEIL GÉNÉRAL DE LA HAUTE-MARNE, MAIRE DE LA COMMUNE DE PERCEY-LE-PAUTEL

CHEVALIER DE LA LÉGION D'HONNEUR

COMMANDEUR DE L'ORDRE DE SAINT-GRÉGOIRE-LE-GRAND

PARIS

IMPRIMERIE SIMON RAÇON ET COMPAGNIE

RUE D'ERFURTH, 1

1860

M. DE POMMEROY

1860

M. DE POMMEROY

Les amis de M. de Pommeroy m'ont invité à écrire quelques mots sur cet homme de bien, et à rappeler les éminentes qualités que nous estimions en lui et que nous ne cesserons jamais de regretter.

Ce n'est pas une biographie de M. de Pommeroy que j'ai l'intention de faire. Pour raconter complétement la vie d'un homme, il faut avoir été son camarade d'études ou son camarade de camp, son confrère dans sa profession ou le compagnon de ses vicissitudes. Je ne suis pourtant pas étranger à la vie de M. de Pommeroy, et je puis du moins en montrer les côtés principaux.

M. de Pommeroy était devenu notre compatriote par plus de trente années de séjour au milieu de nous. J'ai eu l'honneur d'entrer au Conseil général de la Haute-Marne le même jour que lui, à la session de 1845 : ainsi il y avait quinze ans que nous siégions à côté l'un de l'autre, quand une mort soudaine l'a enlevé à l'affection de ses collègues et de l'arrondissement de Langres tout entier. La dernière lettre qu'il ait lue venait de moi : je répondais à sa sollicitude pour les intérêts religieux d'une commune de son canton, et j'avais la satisfaction de lui annoncer que ses vœux allaient être exaucés par la création d'une chapelle de secours à Dardenay. C'est donc à titre de collègue dévoué que je puis essayer de parler de lui.

Augustin-Ignace-Gabriel, comte POTIER DE POM-

MEROY, de la famille des POTIER, ducs de GESVRES, naquit à Corme-Royal, département de la Charente-Inférieure, en 1797. Le chef de la branche aînée, le duc Potier de Gesvres, gouverneur de l'île de France, avait été l'une des victimes de 1793. Du côté maternel, l'aïeul de M. de Pommeroy, Henry de Beaucorps, baron de l'Isleau, en Saintonge, avait perdu la plus grande partie de sa fortune à l'époque de la Révolution. Le père de M. de Pommeroy avait été capitaine d'état-major. Les fils, selon les traditions de la famille, se destinèrent à la carrière militaire. Le jeune Augustin entra dans les gardes du corps de Monsieur, frère du Roi.

Il y servait avec honneur, lorsqu'en 1825 il rencontra dans le monde une jeune personne non moins distinguée par son esprit que par ses malheurs; et, pour associer à son existence une compagne digne de lui, il épousa mademoiselle Blanche-Marie-Marguerite Legros, dont le père et la mère avaient péri en 1804 dans les massacres de Saint-Domingue, à l'époque où Dessalines, général en chef de l'insurrection des noirs, proclamait qu'il suffisait d'être blanc pour mériter la mort.

Ce fut cette union qui fixa M. de Pommeroy parmi nous. Il quitta le service, et vint habiter la commune de Saint-Broingt-les-Fosses. Il y exerça les fonctions de maire jusqu'en 1831, époque à laquelle il fut appelé par le vœu de ses concitoyens au commandement de la garde nationale du canton de Prauthoy. Nommé député de l'arrondissement de Langres en 1843, réélu en 1846, il eut l'honneur de siéger à la Chambre jusqu'à la Révolution de février 1848. Il a dit lui-même comment il comprenait le devoir du député : « Voter suivant sa « conscience, sans esprit de parti ; favoriser tous « les progrès sérieux ; travailler à l'amélioration du « sort des classes laborieuses ; défendre les insti- « tutions capables d'assurer la sécurité et le bon- « heur du pays. » Il a été ce qu'il avait promis d'être. On peut s'en convaincre en relisant une brochure d'un de nos plus honorables concitoyens, à propos des élections de 1846.

J'extrais quelques lignes de ce remarquable écrit[1], où la conduite du mandataire de l'arrondissement de Langres est appréciée avec autant de justice que de modération :

« M de Pommeroy devait prendre à la Chambre
« une couleur politique; il l'a fait et a voté pour
« le Ministère. Il a franchement et loyalement
« appuyé le gouvernement. Évidemment il a eu
« raison d'agir ainsi. S'il eût été hostile, n'est-il
« pas vrai qu'il n'aurait pas représenté l'intérêt de
« notre pays? N'y aurait-il pas eu entre ses votes
« et la population de notre arrondissement un
« désaccord qui l'eût exposé à de continuels désa-
« veux?

« Une fois convaincu que le ministère actuel
« donne à la France les deux choses dont elle a
« besoin : la paix, qui soutient le commerce et
« l'agriculture; l'ordre intérieur, qui protége les

[1] M. de Pommeroy devant les électeurs de l'arrondissement de Langres, par un électeur de l'arrondissement. Paris, imp. de Fain et Thunot, 1846, in-8.

« personnes et l'industrie, un député consciencieux
« n'a pas dû se laisser détourner de sa voie ; et,
« si le ministère a fait des fautes, la faute eût été
« plus grande encore de renverser avec lui la paix
« et l'ordre intérieur.

« L'appui prêté au ministère par M. de Pomme-
« roy a été constamment désintéressé, à une époque
« où la députation n'est pour tant de personnes
« qu'un moyen de spéculation ou d'avancement.
« M. de Pommeroy, fidèle à ses promesses, n'a
« rien demandé, rien accepté, ni pour lui, ni
« pour sa famille. Mais s'il peut se rendre ce
« témoignage, il faut aussi lui rendre cette justice
« qu'il n'a pas professé la même indifférence pour
« les intérêts des autres. Aussi, en même temps
« qu'il poursuivait à la Chambre la satisfaction
« des grands et légitimes intérêts du pays, sur
« combien de personnes, sur combien de malheurs
« et de misères n'a-t-il pas appelé efficacement
« l'attention du gouvernement ? Lui seul le
« sait, et il ne divulguera jamais le secret de ceux
« qu'il a été assez heureux pour obliger. »

Dans les plus hautes comme dans les plus modestes fonctions, simple maire d'une commune rurale, commandant de garde nationale, président de comice agricole, conseiller général de département, membre de la Chambre des députés, toujours et partout, le trait particulier, distinctif, de M. de Pommeroy, c'était la préoccupation d'obliger, de faire du bien. C'est par là surtout que je l'ai connu, et c'est aussi par là que je veux le louer. Je n'exagérerai rien en disant de lui qu'il aimait passionnément à rendre service. Bon, humain, affable, facile à vivre, toujours prêt à consoler et à secourir, il était ingénieux à trouver le moyen de faire le plus de bien possible. Il employait sa fortune à tout ce qui peut adoucir le sort des malheureux habitants des campagnes. Il est permis de dire à sa louange qu'il était du petit nombre de ceux qui croient que, comme noblesse, richesse oblige. Il a pratiqué la charité largement. Quiconque l'approchait se sentait comme attiré par cette bienveillance innée qu'il étendait à tous sans effort et sans art. Le besoin impérieux de son cœur, c'était, non-seulement d'obliger, mais de le faire de la meilleure grâce, promptement et naturellement, sans penser à la reconnaissance et sans avoir jamais cru peut-être à l'ingratitude.

Au reste, ce n'est guère dans les rangs de ceux qu'il servait de préférence qu'on voit la reconnaissance manquer aux bienfaits reçus. Les vieux soldats qui, après avoir parcouru de glorieux champs de bataille, finissent trop souvent leurs jours dans la souffrance, les veuves et les orphelins, les aveugles, les prêtres infirmes, les jeunes gens sans appui, les pauvres honteux, les dénûments secrets, enfin toute la tribu des faibles et des délaissés, voilà ses favoris, voilà ceux qu'il était particulièrement empressé à encourager et à soutenir. Surtout il suffisait qu'un malheureux fût natif des cantons de Prauthoy ou de Longeau, pays de son affection spéciale, pour qu'il se sentît animé tout aussitôt de la plus vive sympathie à son égard. On peut dire des pauvres de ce pays que sa bourse était leur patrimoine. Il les réconfortait d'une bonne parole

après les avoir assistés d'une offrande généreuse.
Aussi, quelle douleur, quels regrets sincères, lorsqu'il fut frappé tout à coup du mal qui l'a enlevé
subitement ! Quel concours touchant d'amis venus
de tous les côtés pour rendre un dernier hommage
à sa mémoire ! Combien de cœurs ont tressailli
sur sa tombe, quand la voix émue d'un jeune ma-
gistrat[1] a fait entendre les paroles suivantes :

« Me permettrez-vous, excellent ami, de vous
« dire un dernier, hélas ! un éternel adieu ? Si ce
« n'est point à moi de retracer votre vie publique
« et les nombreux services que vous y avez rendus,
« laissez-moi du moins parler de votre cœur, dont
« votre intimité m'a permis d'apprécier les trésors.
« Non, cette tombe ne se refermera pas sans que
« je rende, au milieu de nos larmes, un solennel
« hommage à la belle âme qui vient de nous quit-
« ter pour le ciel.

« Quelle existence bien remplie que celle du

[1] M. Noble, juge de paix du canton de Longeau.

« comte Potier de Pommeroy, issu d'une des plus
« illustres familles de Saintonge, descendant des
« ducs de Gesvres ! Sorti des gardes du corps, il
« unit son sort à celui de la sainte femme dont nous
« voudrions aujourd'hui pouvoir adoucir la dou-
« leur. La Haute-Marne devient alors son pays
« d'adoption. Appelé aux fonctions les plus diverses
« par les suffrages de ses concitoyens, il n'a pas
« d'autre but que le bien public. S'il réclame des
« faveurs, ce n'est ni pour lui ni pour les siens.
« Mais quel bonheur s'il peut trouver une bonne ac-
« tion à faire, s'il peut prêter son appui à ceux qu'il
« en croit dignes, s'il peut ouvrir la carrière à quel-
« que jeune homme dont il a distingué le mérite !

« Ne savons-nous pas tous qu'il se considérait
« presque comme l'obligé quand on lui avait fourni
« l'occasion d'être utile ? Quelle affabilité, quelle
« bienveillance ! Abordable pour tous, pour le pau-
« vre comme pour le riche, a-t-il jamais repoussé
« personne ? S'est-il jamais souvenu d'une injure ?

« Et quel noble emploi de sa fortune ! que de

« misères soulagées, que de bienfaits répandus
« autour de lui ! Les communes de Percey, de Saint-
« Broingt et de Prauthoy ne les oublieront jamais [1].

« Hélas ! quel coup terrible que celui qui vous a
« frappé, et pourquoi le cours de vos bonnes œu-
« vres est-il sitôt, si subitement interrompu ?
« Les décrets de la Providence sont impénétrables.
« Remercions-la pourtant de vous avoir, dans cette
« foudroyante catastrophe, laissé le temps de re-
« commander votre âme à Dieu et de recevoir les
« derniers secours de la religion. Mais quel déchi-
« rement que cette cruelle séparation ! Et com-
« ment retenir nos larmes en présence de cette fa-
« mille désolée, des pleurs de ces vieux serviteurs
« et des souffrances de cette noble veuve au cœur
« si aimant, à l'amitié si sûre, qui pendant trente-
« quatre ans a été la compagne de vos bienfaits ?

« Adieu !... adieu !... »

[1] L'orateur fait allusion à la construction d'un presbytère à Saint-Broingt, à l'établissement de sœurs de la Providence dans la même commune, à la large part que M. de Pommeroy a prise à la reconstruction de l'église de Percey, enfin à une foule d'autres bonnes œuvres.

Il est donné à bien peu d'hommes, même parmi les plus dévoués et les meilleurs, d'inspirer de pareils regrets à une population tout entière. C'est que cette population connaissait l'âme de M. de Pommeroy. Lui-même a exprimé dans ses dernières volontés, et de la manière la plus touchante, les principes qui ont été la règle de sa vie. Voici ce qu'il écrivait quelque temps avant sa mort :

« J'ai toujours vécu dans la religion chrétienne
« catholique, dont je désire, pour le bonheur de
« mon pays et du monde, que les croyances de-
« viennent universelles. Il n'y a pas de bonheur
« complet dans le monde sans l'esprit religieux qui
« inspire aux riches l'amour du bien et la résigna-
« tion à ceux qui souffrent.

« Mes opinions politiques ont toujours été libé-
« rales. J'ai pensé qu'elles pouvaient se concilier
« avec la forme monarchique, et que le bonheur
« d'un roi devait se fonder sur le bonheur de ses
« sujets.

« Mes actions n'ont jamais été inspirées que
« par l'intérêt du bien public et non par un inté-
« rêt personnel. »

Tel a été le caractère de cet homme qui fut
parmi nous, pour ainsi dire, une personnification
de la bonté. Les affections de famille, le commerce
de l'amitié, le plaisir toujours nouveau pour lui de
répandre des bienfaits, ont rendu sa vie heureuse.
Il laisse des traditions qui ne seront pas perdues.
Sa veuve sera ce qu'elle a toujours été, la conso-
latrice des affligés, la mère des malheureux. Le
souvenir de M. de Pommeroy ne périra pas dans
nos contrées ; car il y a une double immortalité,
celle qui là-haut est la récompense de la vertu,
et celle que les bienfaits gravent ici-bas dans les
cœurs profondément reconnaissants.

La Ferté-sur-Amance (Haute-Marne), le 8 avril 1860.

Hippolyte CHAUCHARD.

PARIS. — IMP. SIMON RAÇON ET COMP., RUE D'ERFURTH, 1.